AF221766

Impressum
Verlag: BABADADA GmbH, Nedderfeld 112 , 22529 Hamburg
Geschäftsführer / Verlagsleitung: Harald Hof
Druck: Books on Demand GmbH, In de Tarpen 42, 22848 Norderstedt

Imprint
Publisher: BABADADA GmbH, Nedderfeld 112 , 22529 Hamburg, Germany
Managing Director / Publishing direction: Harald Hof
Print: Books on Demand GmbH, In de Tarpen 42, 22848 Norderstedt, Germany

школа

ښوونځی

классная комната
ټولګی
делить
تقسیم
186/2
доска
учитель
ښوونکی
школьный двор
د ښوونځي حویلی
бумага
ورق
писать
لیکل
ручка
قلم
письменный стол
ډیسک
линейка
خط کش
книга
کتاب
ученик
زده کونکی

ранец

کڅوړه

пенал

د پنسل بکسه

карандаш

پنسل

точилка

پنسل تراش

ластик

ربړ

альбом для рисования

د رسامی پاڼه

рисунок

رسامي

кисточка

د نقاشۍ برس

коробка красок

د نقاشۍ بکس

ножницы

قيچي

клей

سريښ

тетрадь

د تمرين كتاب

домашняя работа

کورنۍ دنده

цифра

شمير

прибавлять

جمع

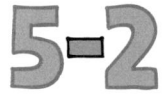

вычитать

منفي

умножать

ضرب

считать

حساب

буква

توری

алфавит

الفبا

слово

کلمه

текст

متن

читать

لوستل

мел

تباشير

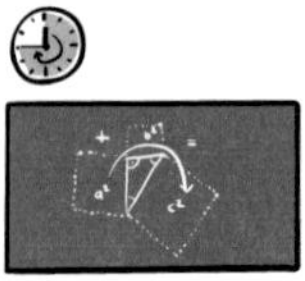

урок

درس

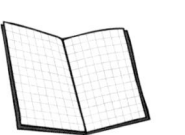

классный журнал

راجستر

экзамен

ازموينه

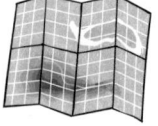

диплом

تصدیق پاڼه

школьная форма

د ښوونځي یونیفارم

образование

تعلیم

энциклопедия

دایره المعارف

университет

پوهنتون

микроскоп

مایکروسکوپ

карта

نقشه

корзина для бумаг

اشغالدانی

путешествие

سفر

гостиница
هوټل
турбаза
ليليه
пункт обмена валюты
د اسعارو د تبادلې دفتر
чемодан
بکس
автомобиль
موټر

язык

ژبه

да / нет

هو/نه

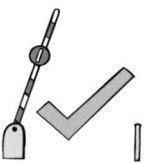

хорошо

سمه ده

Привет

سلام

переводчик

ژباړونکی

Спасибо

مننه

Сколько стоит…?

څومره دي...؟

Я не понимаю

زه نه پوهيږم

проблема

ستونزه

Добрый вечер!

ماښام مو پخير!

Доброе утро!

سهار په خير!

Доброй ночи!

شپه په خير!

До свидания

په مخه مو ښه

направление

لارښود

багаж

سامان

сумка

بيګ

рюкзак

شاتنی بکس

гость

ميلمه

комната

خونه

спальный мешок

د خوب کڅوړه

палатка

خيمه

туристическая информация

د توریزم معلومات

пляж

ساحل

кредитная карточка

کریډیټ کارټ

завтрак

ناری

обед

د غرمي خواړه

ужин

د شپې خواړه

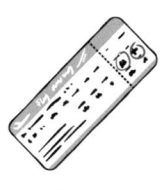

билет

ټیکټ

лифт

لفټ

почтовая марка

مهر

граница

پوله

таможня

ګمرک

посольство

سفارت

виза

ویزه

паспорт

پاسپورټ

транспорт

ټرانسپورټ

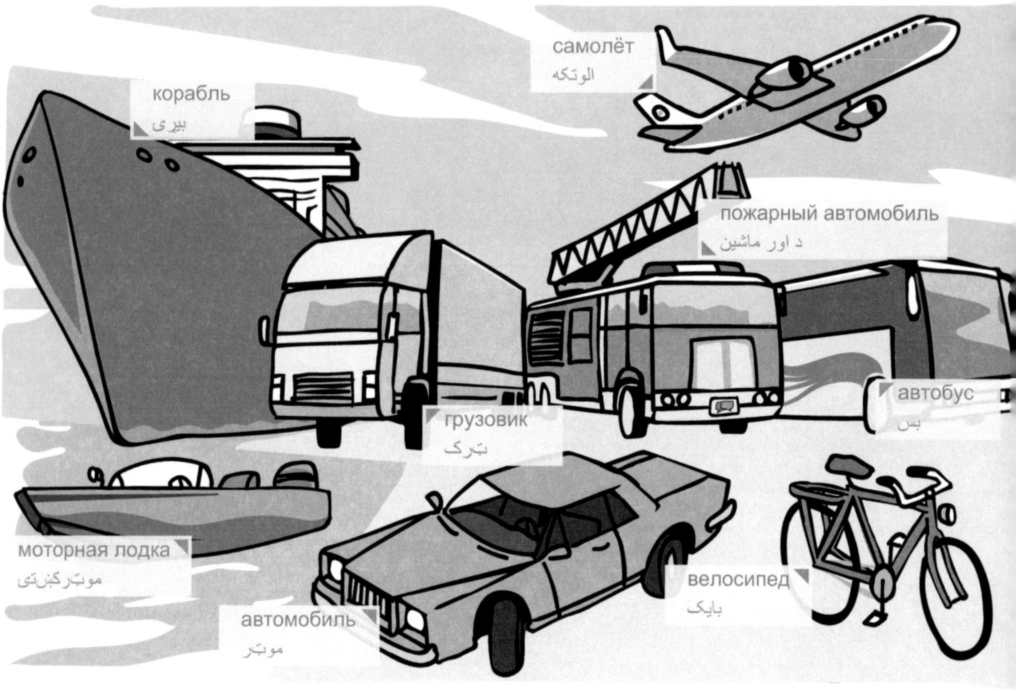

самолёт
الوتکه
корабль
بېړۍ
пожарный автомобиль
د اور ماشين
автобус
بس
грузовик
ټرک
моторная лодка
موټرکښتۍ
велосипед
بايک
автомобиль
موټر

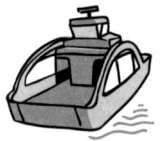

паром

کښتۍ

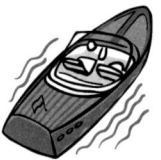

лодка

کښتۍ

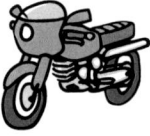

мотоцикл

موټرسايکل

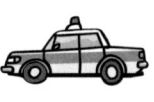

полицейский автомобиль

د پوليسو موټر

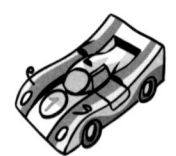

гоночный автомобиль

د ريس موټر

арендованный автомобиль

کرايي موټر

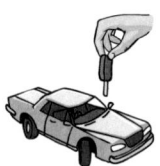

совместное пользование автомобилями

د کرایه موټری

буксировочный автомобиль

جرثقیل لرونکی ټرک

мусоровоз

ریفیوز ټرک

двигатель

موټر

топливо

سونګ توکي

заправка

پټرول سټیشن

дорожный знак

ترافیکي نښه

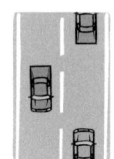

движение

ترافیک

пробка

جام ترافیک

автостоянка

د موټرو تمځای

вокзал

د ریل سټېشن

рельсы

پاټکي

поезд

ریل

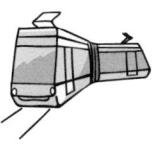

трамвай

ټرام

вагон

واګون

вертолёт

چورلکه

аэропорт

هوايي ډګر

вышка

برج

пассажир

مسافر

контейнер

کانټینر

коробка

کارتون

тележка

کارت

корзина

ټوکری

взлетать / приземляться

الوتنه کول/کښیناستل

город

ښار

деревня

کلی

центр города

د ښار مرکز

дом

کور

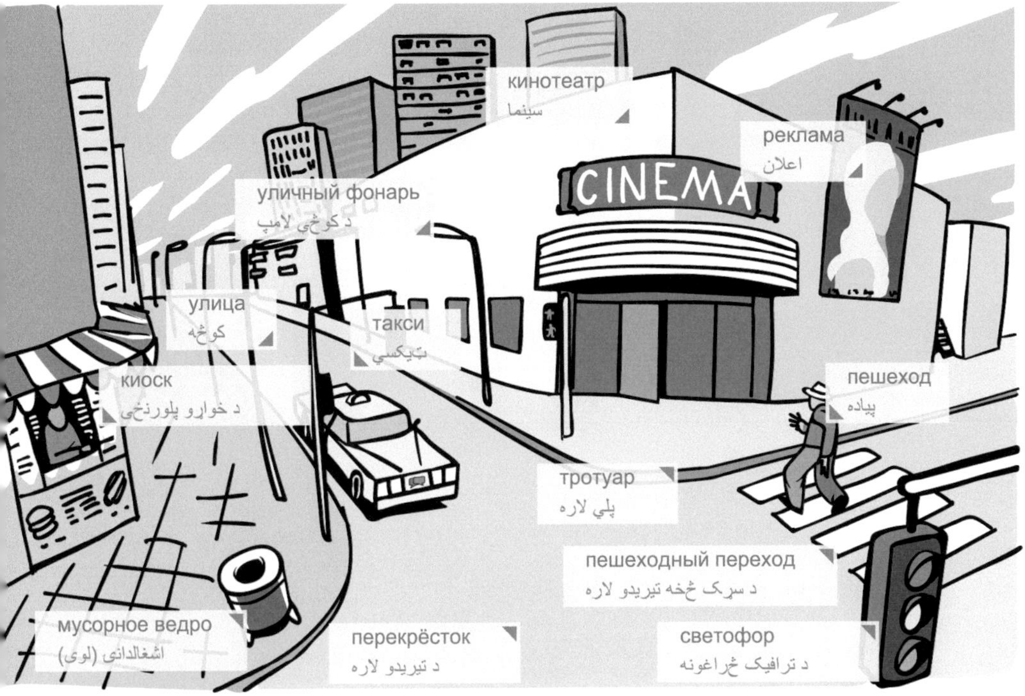

кинотеатр
سینما
реклама
اعلان
уличный фонарь
د کوڅې لامپ
улица
کوڅه
такси
ټیکسي
киоск
د خوارو پلورنځی
пешеход
پیاده
тротуар
پلي لاره
пешеходный переход
د سړک څخه تیریدو لاره
мусорное ведро
اشغالدانی (لوی)
перекрёсток
د تیریدو لاره
светофор
د ترافیک څراغونه

хижина

کوډله

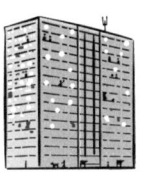

квартира

اپارتمان

вокзал

د ریل سټېشن

ратуша

ټاون هال

музей

میوزیم

школа

ښوونځی

университет

پوهنتون

банк

بانک

больница

روغتون

гостиница

هوټل

аптека

درملتون

офис

دفتر

книжный магазин

کتاب پلورنځی

магазин

پلورنځی

цветочный магазин

د ګلانو پلورنځی

супермаркет

لوی پلورنځی

рынок

مارکیټ

универмаг

د ډیپارټمنټ سټور

торговец рыбой

کب پلورنځی

торговый центр

د پلور مرکز

порт

لنګرتون

парк

پارک

скамейка

بينچ

мост

پل

лестница

زينه

метро

د ځمکي لاندي

тоннель

تونل

автобусная остановка

بس تمځای

бар

بار

ресторан

ريسټورانټ

почтовый ящик

پوست بکس

табличка с названием улицы

د کوڅې نښه

паркометр

د پارک کولو ميټر

зоопарк

ژوبڼ

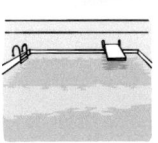

бассейн

د لامبو حوض

мечеть

مسجد

ферма

كرونده

загрязнение окружающей среды

ناپاکي

кладбище

هدیره

церковь

چرچ

детская площадка

د لوبو ډګر

храм

معبد/کلیسا

ландшафт

منظره

лист
پاڼه

дорожный указатель
د لارښوونې نښه

дорога
لاره

луг
چمن

камень
کاڼی

путешественник
هيکر

дерево
ونه

река
سیند

трава
واښه

цветок
ګل

долина

دره

гора

غونډۍ

озеро

ناور

лес

ځنګل

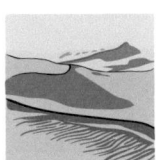

пустыня

دشته

вулкан

اورشیندی

замок

کلا

радуга

رنګین کمان

гриб

مرخیړي

пальма

پلم ونه

комар

ماشي

муха

الوتل

муравей

میږی

пчела

مچی

паук

غونډل/جولا

жук

....

گونگټ

лягушка

....

چونگښه

белка

....

نولی

еж

....

زیږکی

заяц

....

سوی

сова

....

گونگ

птица

....

مرغی

лебедь

....

قازه

кабан

....

نرخوگ

олень

....

هوسی

лось

....

گاوزه

плотина

....

بند

ветряной генератор

....

بادي توربین

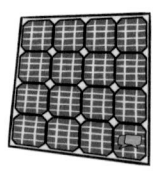

солнечная батарея

....

سولر تختي

климат

....

اقلیم

ресторан

ریسټورانټ

официант
پیشخدمت
меню
مینو
стул
суп
سوپ
пицца
پیزا
столовые приборы
ښاخې، چاقو، کاشوغه
скатерть

закуска

سټارټر

главное блюдо

اصلي خواړه

десерт

شیریني

напитки

څښاک

еда

خواړه

бутылка

بوتل

фастфуд

فاسټ فوډ

уличная еда

د کوڅې خواړه

чайник

چای جوش

сахарница

قندانی

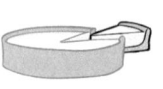

порция

برخه

кофеварка

اسپرسو مشین

детский стульчик

لوړه چوکی

счет

رسید

поднос

مجمه

нож

چاکو

вилка

پنجه

ложка

قاشق

чайная ложка

چای قاشق

салфетка

سورویت

стакан

ګلاس

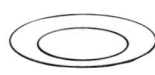

тарелка

پلیټ

суповая тарелка

د سوپ پلیټ

блюдце

نالبکی

соус

ساس

солонка

مالګه شیندونکی

мельница для перца

د مرچ ټکولو لوخی

уксус

سرکه

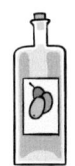

масло

غوړي

специи

مساله

кетчуп

کچ اپ

горчица

شرشم

майонез

چکه

супермаркет

لوی پلورنځی

специальное предложение
FOR
покупатель
پیرودونکی
молочные продукты
لبنیات
фрукты
میوه
тележка для покупок
لاسي ګرځ

мясной магазин

قصابي

пекарня

نانوایی

взвешивать

وزن کول

овощи

سبزیجات

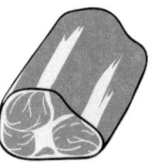

мясо

غوښه

быстрозамороженные продукты

کنګل خواره

нарезка

یخه غوښه

консервы

کنسروا خواړه

стиральный порошок

د مینځلو پوډر

сладости

شیریني

предмет домашнего обихода

کورني تولیدات

моющее средство

د پاکولو محصولات

продавщица

د پلور فرد

касса

د نغدي راجستر

кассир

صراف

список покупок

د پیرود لیست

время работы

کاري ساعتونه

бумажник

بټوه

кредитная карточка

کریډیټ کارت

сумка

کڅوړه

полиэтиленовый пакет

پلاستیک کڅوړه

напитки

څښاک

вода

اوبه

сок

جوس

молоко

شیده

кока-кола

کوک

вино

واین

пиво

بیر

алкоголь

الکول

какао

ککاو

чай

چای

кофе

کافي

эспрессо

اسپرسو

капучино

کپچینو

еда
خواړه

банан

کیله

яблоко

مڼه

апельсин

نارنج

арбуз

هندواڼه

лимон

لیمو

морковь

گازره

чеснок

هوږه

бамбук

بانکس

лук

پیاز

гриб

مرخیړي

орехи

چغزی

лапша

آش

спагетти

سپيګټي

рис

وريجې

салат

سلاد

картофель фри

چپس

жареный картофель

سره کړي کچالو

пицца

پيزا

гамбургер

همبرګر

сэндвич

سانډويچ

шницель

کټره

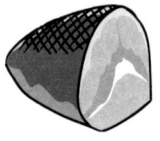

ветчина

د پتون غوښه

салями

سلمي

колбаса

ساسچ

курица

چرګ

жаркое

روسټ

рыба

کب

овсяные хлопья

د وربشي شيرني

мюсли

موسلي

кукурузные хлопья

د جوار پلی

мука

اوړه

круассан

کروسانت

булочка

د ډوډی رول

хлеб

ډوډی

тост

ټوسټ

печенье

بسکیټ

масло

کوچ

творог

چکه

пирог

کیک

яйцо

هګی

яичница

پښی هګی

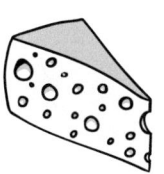

сыр

پنیر

мороженое

آیس کریم

сахар

بوره

мёд

شهد

мармелад

مربا

крем с нугой

نوگـات کریم

карри

کورکمان

26 еда - خواړه

ферма

کرونده

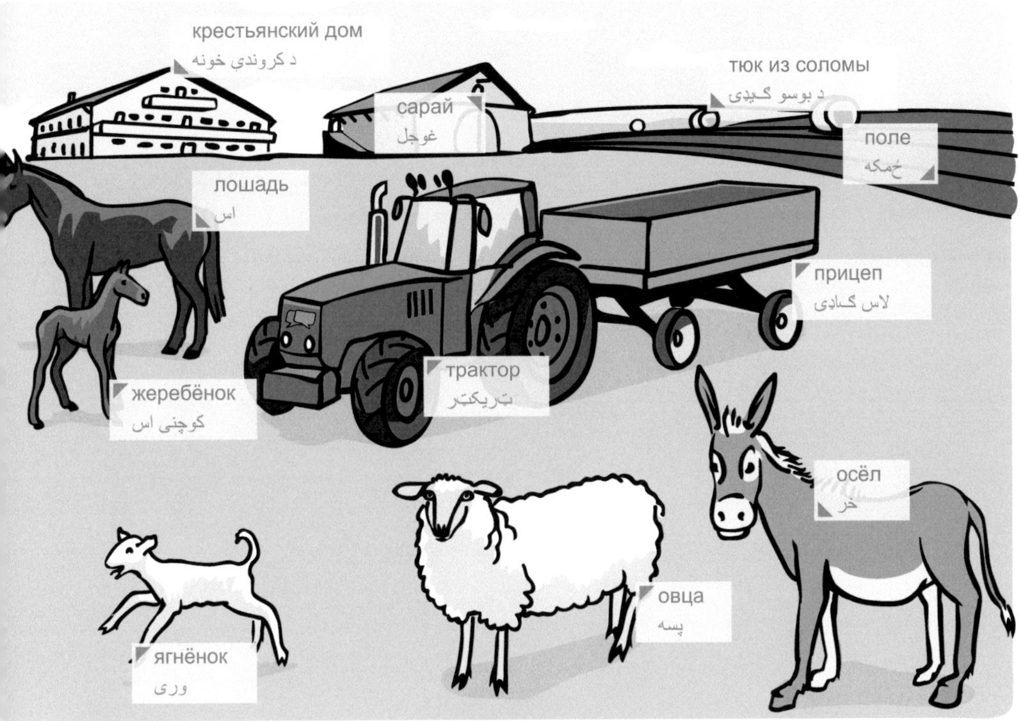

крестьянский дом
د کروندې خونه
тюк из соломы
د بوسو ګېډۍ
сарай
غوجل
поле
ځمکه
лошадь
اس
прицеп
لاس ګاډی
трактор
ټريکټر
жеребёнок
کوچنی اس
осёл
خر
овца
پسه
ягнёнок
وری

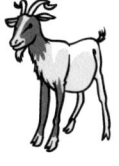

коза

وزه

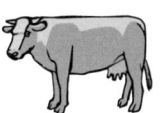

корова

غوا

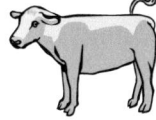

телёнок

خوسکی

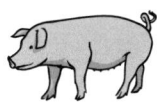

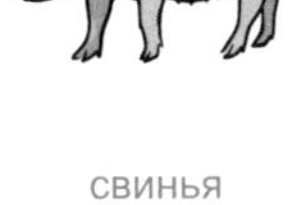

свинья

خوګ

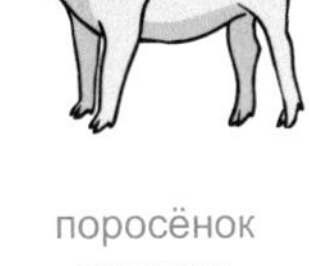

поросёнок

د خوګ بچی

бык

غويی

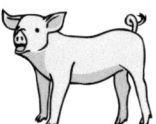

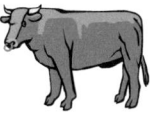

гусь

بته

утка

هیلۍ

цыплёнок

چرګوړی

курица

چرګه

петух

بانګي

крыса

سارای موږک

кошка

پیشک

мышь

موږک

вол

غویی

собака

سپی

конура

د سپي خونه

садовый шланг

د باغ هوز

лейка

د اوبو لوخی

коса

لور (داس)

плуг

یوی

серп

لور

мотыга

رمبی

навозные вилы

ښاخی

топор

تبر

тачка

کراچی

корыто

ناوه

бидон для молока

د شیدو لوخی

мешок

جوال

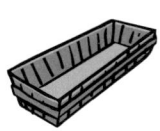

забор

کټاره

хлев

مضبوط

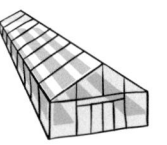

теплица

ښنه خونه

почва

خاوره

посев

تخم

удобрение

سره/ه/کود

комбайн

گـد ریبونکی ماشین

собирать урожай

زیرمه کول

урожай

درمند

ямс

خواږه کچالو

пшеница

غنم

соя

سویا

картофель

کچالو

кукуруза

جوار

рапс

نباتي تخم

фруктовое дерево

د میوی ونه

маниок

مانیوک

злаки

غله

дом

کور

дымоход
درځه
крыша
بام
водосточный желоб
ناودان
окно
гараж
звонок
د دروازې زنګ
дверь
دروازه
мусорное ведро
اشغالدانی
почтовый ящик
د لیک بکس
сад
باغ

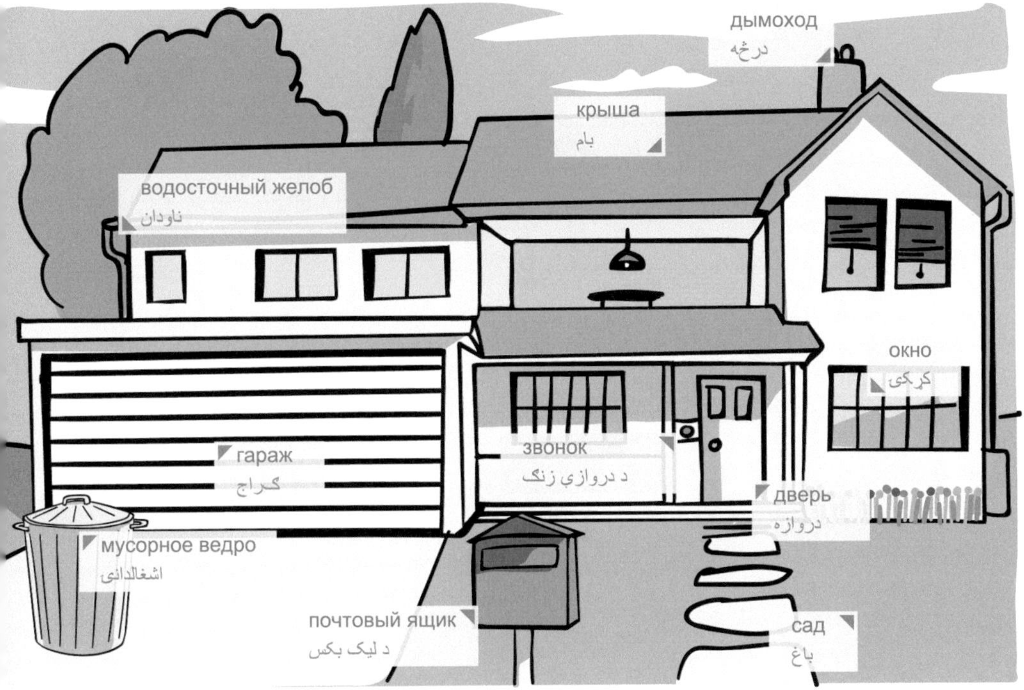

гостиная

د اوسیدو خونه

ванная комната

حمام

кухня

پخلنځی

спальня

د ویده کیدو خونه

детская комната

د ماشوم خونه

столовая

د خواړو خونه

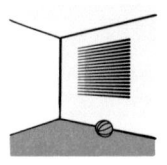

пол

فرش

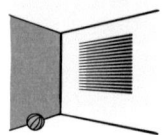

стена

دیوال

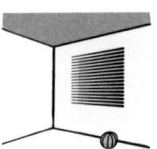

потолок

چت

подвал

زیرخانه

сауна

سونا

балкон

بالکوني

терраса

ټراس

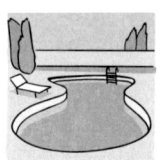

бассейн

حوض

газонокосилка

د چمن وهلو ماشین

пододеяльник

شیټ

покрывало

روجایی

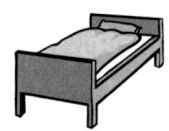

кровать

تخت

метла

جارو

ведро

بوکه

выключатель

سویچ

гостиная

د اوسيدو خونه

обои
والپیپر
рисунок
عکس
лампа
لامپ
полка
شیلف
шкаф
الماری
телевизор
تلویزیون
камин
نغری
цветок
ګل
подушка
بالښت
диван
صوفه
ваза
ګلدانی
пульт дистанционного управления
ریموټ کنټرول

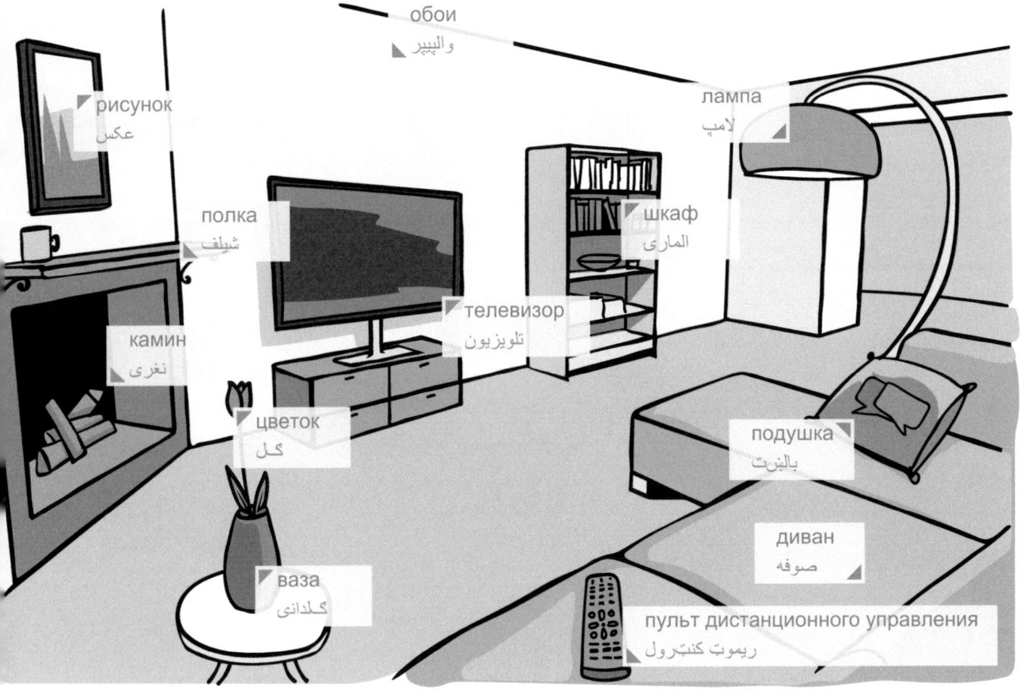

ковёр

غالی

штора

پرده

стол

میز

стул

چوکی

кресло-качалка

تاویدونکی چوکی

кресло

بازو لرونکی چوکی

книга

كتاب

покрывало

کمپل

украшение

ډیکوریشن

дрова

د اور لرګي

фильм

فلم

стереосистема

های-فای

ключ

کلي

газета

ورځپاڼه

картина

نقاشي

плакат

پوسټر

радио

راډیو

блокнот

کتابچه

пылесос

واکیوم جارو

кактус

کاکتوس

свеча

شمع

кухня

پخلنځی

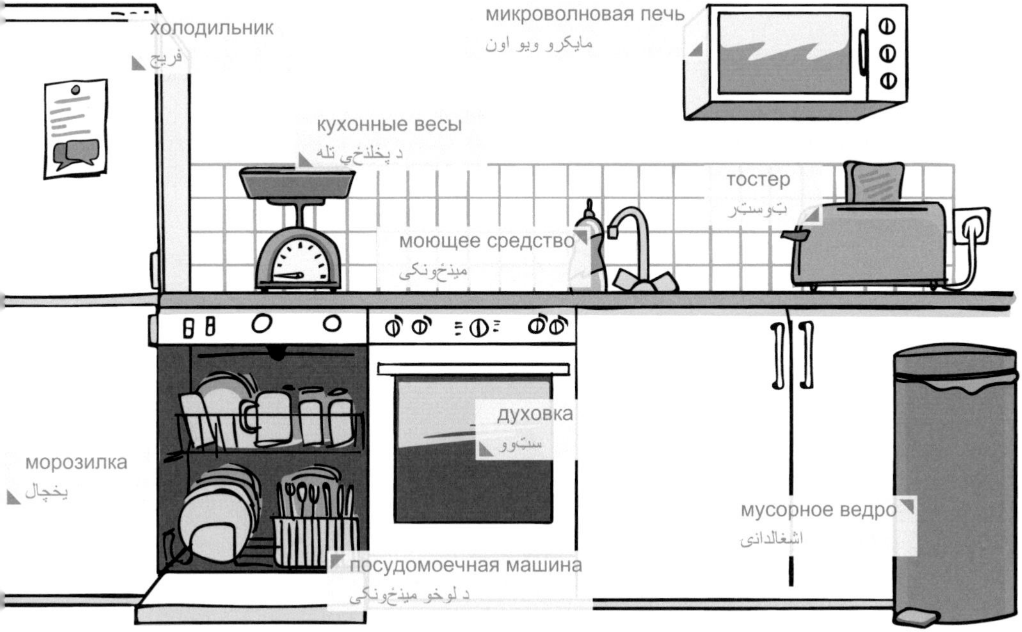

холодильник
فریج
микроволновая печь
مایکرو ویو اون
кухонные весы
د پخلنځي تله
тостер
ټوسټر
моющее средство
مینځونکی
духовка
سټوو
морозилка
یخچال
мусорное ведро
اشغالدانی
посудомоечная машина
د لوخو مینځونکی

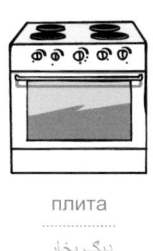

плита

دیگ بخار

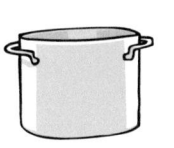

кастрюля

لوخی

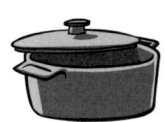

чугунный котелок

چدني لوخی

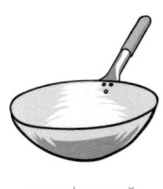

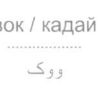

вок / кадай

ووک

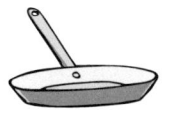

сковорода

د تلی په

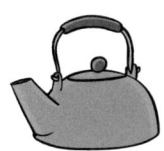

чайник

چای جوش

паровapка

د بخار دیگ

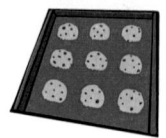

противень

پتنوس

посуда

لوخي

кружка

مګ

миска

کاسه

палочки для еды

د رانیولو اوزار

половник

څمڅۍ

лопатка

کفګیر

сбивалка

پاکونکی

сито

صافي

сито

غلبیل

тёрка

ګریټر

ступка

اونګ

гриль

بار بي کیو

костёр

خلاص اور

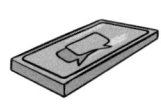

доска

تخته

скалка

هوارونکی

штопор

کارک سکریو

жестяная банка

ټیم

консервный нож

د ټیم خلاصونکی

прихватка

د لوخي ټوټه

раковина

ظرف شوی

щетка

برس

губка

سپنج

миксер

بلینډر

морозильная камера

ژور یخچال

бутылочка для кормления

د ماشوم بوتل

кран

نل

ванная комната

حمام

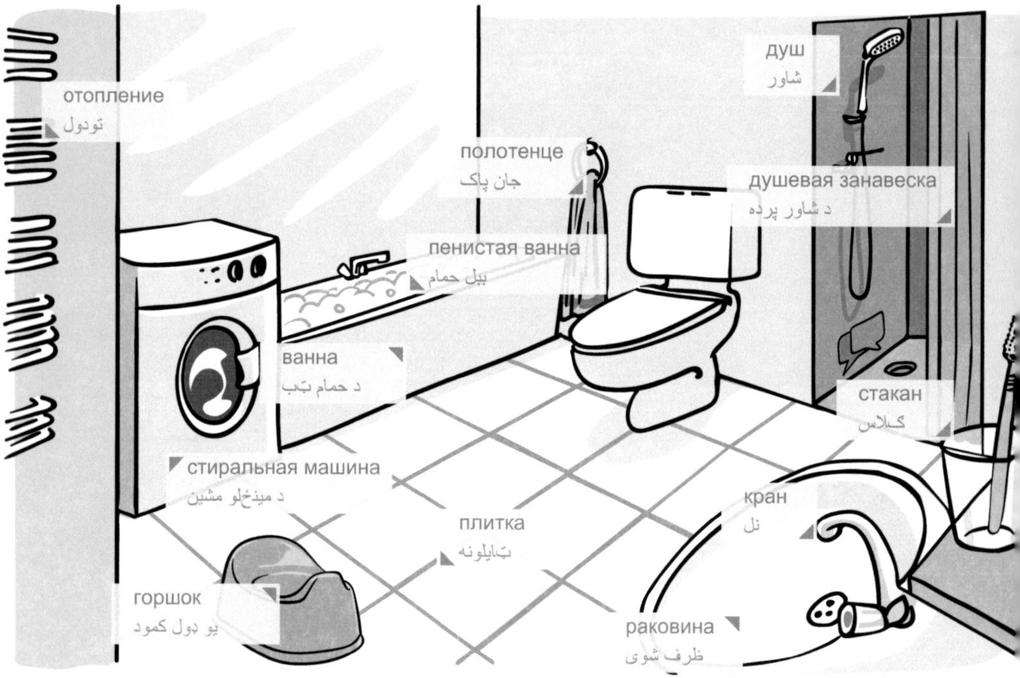

душ
شاور

отопление
تودول

полотенце
جان پاک

душевая занавеска
د شاور پرده

пенистая ванна
ببل حمام

ванна
د حمام تبّ

стакан
گلاس

стиральная машина
د مينځلو مشين

кран
نل

плитка
ټایلونه

горшок
د ډول کمود

раковина
ظرف شوى

туалет

تشناب

напольный унитаз

فرشي کمود

биде

کمود

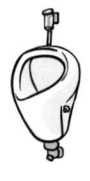

писсуар

د متيازو ځاى

туалетная бумага

تشناب کاغذ

ершик

د تشناب برس

зубная щетка

د غاښونو برس

зубная паста

د غاښونو کریم

зубная нить

د غاښونو نخ

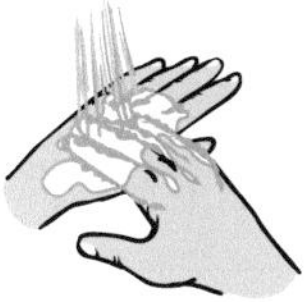

мыть

مینځل

ручной душ

لاسي شاور

интимный душ

دوش

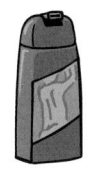

таз

خانک

щетка для спины

د شا برس

мыло

صابون

гель для душа

د شاور ژل

шампунь

شامپو

мочалка

فلانل جامه

сток

وچول

крем

کریم

дезодорант

سپری

зеркало

آینه

ручное зеркало

لاسي آینه

бритва

ریزر

пена для бритья

د خریلو فوم

лосьон после бритья

د خریلو وروسته

расческа

ګمنځ

щетка

برس

фен

د ویښتانو وچونکی

лак для волос

د ویښتانو سپری

косметика

میک اپ

губная помада

لیپ سټیک

лак для ногтей

د نوکانو پالش

вата

کاټن وړی

маникюрные ножницы

ناخن ګیر

духи

عطر

косметичка

د مېنځلو کڅوړه

табуретка

سټول

весы

د وزن کولو تله

халат

د حمام پوښاک

резиновые перчатки

د ربړ دستکش

тампон

ټامپون

гигиеническая прокладка

صحيي جان پاک

биотуалет

کيميکل تشناب

детская комната

د ماشوم خونه

د الارم ساعت
мягкая игрушка
د لوبو وسایل
игрушечный автомобиль
د نانځکي موټر
погремушка
кукольный домик
подарок
ډالۍ

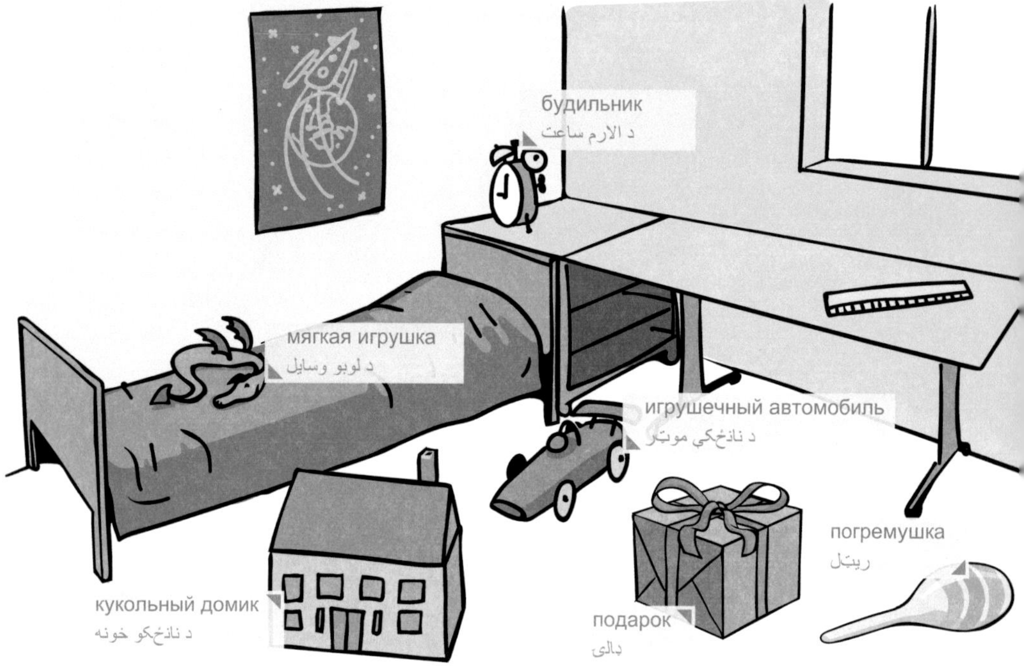

воздушный шар

بالون

кровать

تخت

детская коляска

کالسکه

карточная игра

د لوبو ورقي

пазл

جيګسا

комикс

مسخره

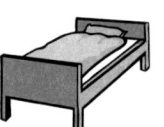

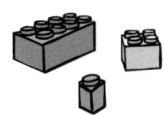

кирпичики Лего

لیګو بریک

кубики

د نانځکو بلاک

игрушечная фигурка

د اکشن فیګور

ползунки

د ماشوم پوښاک

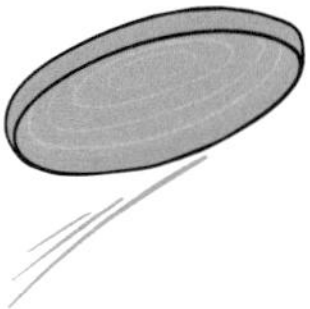

фрисби

فریزبي

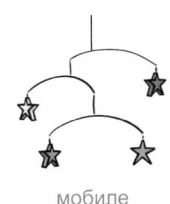

мобиле

موبایل

настольная игра

بورډ لوبه

кубик

تاس

модель железной дороги

ماډل ریل سیټ

соска

ګونګشی

вечеринка

پارټي

книга с картинками

د عکسونو البوم

мяч

بال

кукла

نانځکه

играть

لوبیدل

песочница

د شګو کنده

качели

سوینګ

игрушка

نانځکي

игровая приставка

د ویډیو لوبو کنسول

трёхколесный велосипед

ټرای سایکل

плюшевый медвежонок

ګوډکه

шкаф для одежды

د کالو الماری

одежда

پوښاک

носки

جرابې

чулки

لوړې جرابې

колготки

ټایټس

шарф
زرروکی

ремень
کمربند

зонтик
چتری

футболка
ټي شرت

сапоги
بوټان

тапки
سلیپر

кроссовки
سنیکر

сандалии
سیندل

ботинки
بوټان

резиновые сапоги
د ربر بوټان

трусы
زیرنیکري

бюстгальтер
سینه بند

майка
واسکټ

боди

بادي

брюки

پتلون

джинсы

جينز

юбка

لمن

блузка

بلاوز

рубашка

شرټ

свитер

بنيان

свитер

سويټر

спортивная куртка

بليزر

жакет

جاکټ

пальто

کوټ

плащ

د باران کوټ

костюм

پوښاک

платье

کالي

свадебное платье

د واده پوښاک

мужской костюм

دريشي

ночная сорочка

د شپې پوښاک

пижама

پاجامه

сари

ساړي

платок

لوپټه

тюрбан

پټکی

паранджа

برقه

кафтан

کفتن

абайя

عبا

купальник

د لامبو پوښاک

плавки

نیکر

шорты

شارټ

спортивный костюм

د ځغاستې پوښاک

фартук

پیش بند

перчатки

دستکش

пуговица

بټن

очки

عینک

браслет

لاس بند

цепочка

غاړه کی

кольцо

گوتمه

серьга

غوږوالی

шапка

خولی

вешалка

کوټ بند

шляпа

خولی

галстук

ټایی

застежка молния

ځنځیر

шлем

هیلمیټ

подтяжки

ترونکی

школьная форма

د ښوونځي یونیفارم

форма

یونیفارم

детский нагрудник

بيب

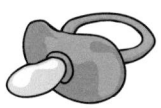

соска

ګونګشی

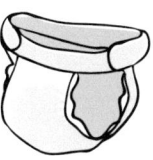

подгузник

نيپي

офис

دفتر

сервер
سرور

канцелярский шкаф
د دوسيه الماری

монитор
مانيټور

принтер
پرينټر

бумага
ورق

мышь
ماوس

письменный стол
ډيسک

папка
فولدر

клавиатура
کي بورډ

стул
چوکی

корзина для бумаг
اشغالدانی

компьютер
کمپيوټر

кофейная кружка

د کافي پياله

калькулятор

کالکوليټر

интернет

انټرنيټ

ноутбук

لپ ټاپ

письмо

لیک

сообщение

پیغام

мобильный телефон

موبایل

сеть

نیټورک

ксерокс

فوټوکاپیر

программа

سافټویر

телефон

تلیفون

розетка

پلګ ساکټ

факс

فکس مشین

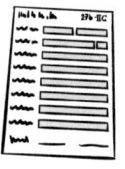

формуляр

فارم

документ

سند

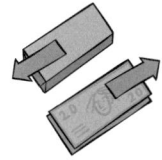

экономика
اقتصاد

покупать

پیرل

платить

تادیه کول

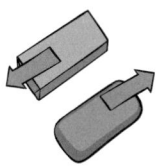

торговать

سوداګري کول

деньги

پیسې

доллар

ډالر

евро

یورو

иена

ین

рубль

ربل

франк

سویسي فرانک

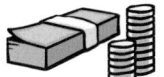

CNY

жэньминьби юань

رینمینبي یوان

INR

рупия

روپۍ

банкомат

د نغدي پیسو ځای

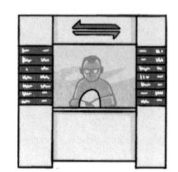

пункт обмена валюты

د اسعارو د تبادلي دفتر

золото

سره زر

серебро

سپین زر

нефть

تیل

энергия

انرژي

цена

نرخ

договор

قرارداد

налог

مالیه

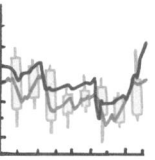

акция

اسهام

работать

کار کول

служащий

کارمند

работодатель

کار ګومارونکی

фабрика

فابریکه

магазин

پلورنځی

профессии
مسلکونه

милиционер
د پولیسو افسر
пожарный
د اطفایه غړی
повар
آشپز
врач
пилот
پیلوټ

садовник

باغوان

столяр

نجار

швея

خیاط

судья

قاضي

химик

کیمیا پوه

актёр

د فلم لوبغاړی

водитель автобуса

د بس ډرایور

таксист

د تېکسي ډرایور

рыбак

کب نیونکی

уборщица

خدمه

кровельщик

بام جوړونکی

официант

پېشخدمت

охотник

ښکاري

художник

نقاش

пекарь

نانوا

электрик

د برېښنا کارکونکی

...

мясник

قصاب

сантехник

نلدوان

почтальон

پوست رسونکی

солдат

سرتیری

архитектор

مهندس

кассир

صراف

флорист

مالیار

парикмахер

نایی

кондуктор

کلینډر

механик

میکانیک

капитан

کپتان

зубной врач

د غاښونو ډاکټر

ученый

ساینس پوه

раввин

ښاغلی

имам

امام

монах

مذهبي نفر

священник

پادري

инструменты
لوازم

плоскогубцы
پلاس
молоток
څټکی
отвёртка
پیچکش
карманный фо
څراغ
гаечный ключ
رینچ

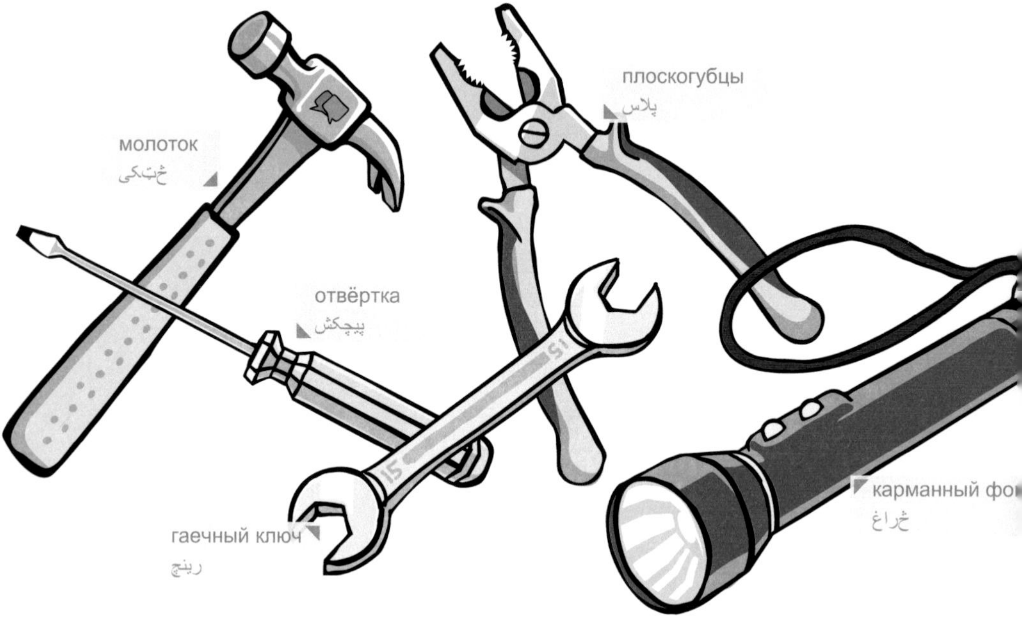

экскаватор

کنستونکی

ящик для инструментов

د لوازمو بکس

стремянка

زینه

пила

اره

гвозди

میخونه

дрель

برمه

ремонтировать

ترمیم کول

лопата

بیل

Блин!

لعنت!

совок

خاک انداز

ведро с краской

مشواڼی

винты

پیچونه

музыкальные инструменты

د میوزیک آلات

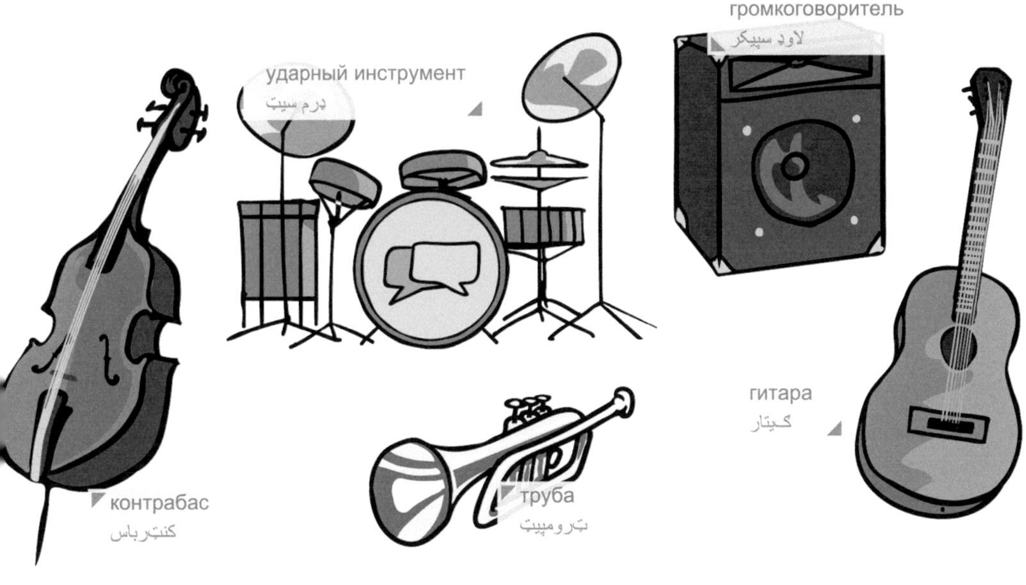

громкоговоритель
لاوډ سپیکر
ударный инструмент
ډرم سیټ
гитара
ګیتار
контрабас
کنټرباس
труба
ټرومپیټ

пианино

پیانو

скрипка

وایلن

бас-гитара

باس

литавры

نغاره

барабан

ډرمونه

синтезатор

کي بورډ

саксофон

سیکسافون

флейта

شپیلۍ

микрофон

مایکروفون

зоопарк

ژوبڼ

вход
ننوتو لاره
тигр
клетка
پنجره
зебра
ګوره خر
корм
د ژویو خواړه
панда
پاندا

животные

ژوی

слон

هاتي

кенгуру

کنګرو

носорог

د اوبو اسپ

горилла

ګوریلا

медведь

ایږه

верблюд

اوښ

страус

شترمرغ

лев

زمری

обезьяна

بیزو

фламинго

غزی

попугай

طوطي

белый медведь

قطبي ايره

пингвин

پينگوين

акула

شارک

павлин

طاوس

змея

مار

крокодил

تمساح

служитель зоопарка

ژوبڼ ساتونکی

тюлень

سيل

ягуар

جگوار

пони

يابو

леопард

پړانګ

бегемот

هيپو

жираф

زرافه

орёл

باز

кабан

نرخوګ

рыба

کب

черепаха

شمشتی

морж

سمندري نولی

лиса

ګيدړه

газель

هوسۍ

американский футбол
امريکايي فټبال

езда на велосипеде
سايکل ځغلول

теннис
ټېنيس

баскетбол
باسکيتبال

плавание
لامبو

бокс
باکسينګ

хоккей
د کنګل هاکي

футбол
فټبال

бадминтон
کميزه

лёгкая атлетика
د ځغاستۍ لوبى

гандбол
د هندبال

лыжный спорт
سکي

поло
پولو

действия
فعاليتونه

прыгать
ټوپ وهل
обнимать
غاړه ورکول
смеяться
خندل
идти
ګرځېدل
петь
سندري ويل
мечтать
خوب ليدل
молиться
عبادت کول
целовать
مچو کول

писать

ليکل

рисовать

کښل

показывать

ښودل

нажимать

ټېله کول

давать

ورکول

брать

اخيستل

иметь

درلودل

делать

کول

быть

پاییدل

стоять

ودریدل

бежать

منډې وهل

тянуть

راکښل

бросать

ګوزارل

падать

لویدل

лежать

څملاستل

ждать

انتظار کول

носить

وړل

сидеть

کښیناستل

надевать

پوښاک اغوستل

спать

ویده کیدل

просыпаться

پاڅیدل

рассматривать

کتل

плакать

ژړل

гладить

برید کول

причесывать

ګمنځ کول

говорить

خبرې کول

понимать

پوهیدل

спрашивать

غوښتل

слушать

اوریدل

пить

څښل

кушать

خوړل

наводить порядок

پاکول

любить

مینه کول

готовить

پخلی کول

ехать

موټر چلول

летать

الوتل

ходить под парусом

بیړۍ چلول

считать

حساب

читать

لوستل

учиться

زده کول

работать

کار کول

вступать в брак

واده کول

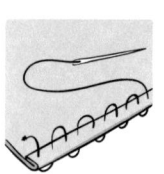

шить

ګنډل

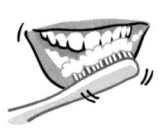

чистить зубы

د غاښونو برس کول

убивать

وژل

курить

سګرټ څښل

отправлять

لیږل

семья

کورنۍ

бабушка
نیا
дедушка
نیکه
папа
پلار
мама
مور
младенец
ماشوم
дочь
لور
сын
زوی

гость

میلمه

тетя

ترور

дядя

کاکا/ماما

брат

ورور

сестра

خور

тело
بدن

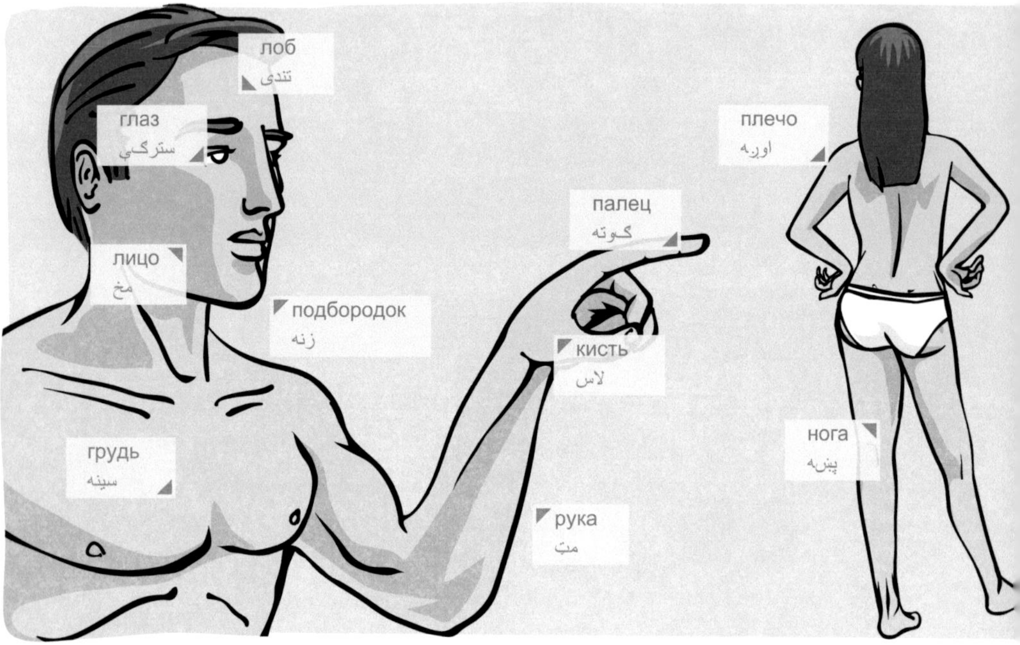

лоб
تندی

глаз
سترګي

лицо
مخ

подбородок
زنه

грудь
سينه

палец
ګوته

кисть
لاس

рука
مټ

плечо
اوږه

нога
پنډه

младенец
ماشوم

мужчина
سړی

женщина
ښځه

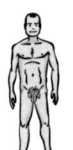

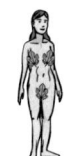

девочка
انجلۍ

мальчик
هلک

голова
سر

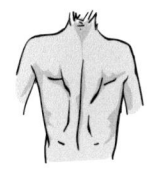

спина

شا

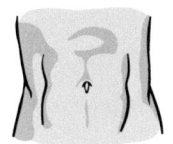

живот

خېټه

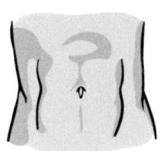

пупок

نوم

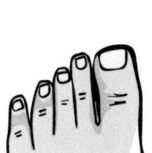

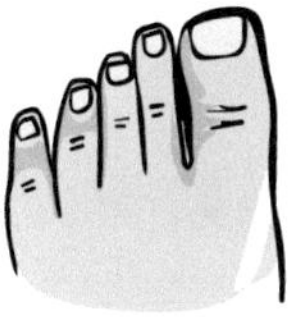

палец ноги

د پښې ګوته

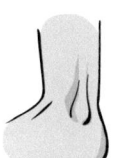

пятка

پونده

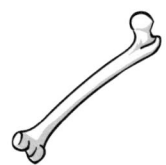

кость

هډوکی

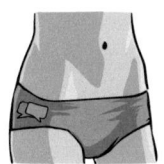

бедро

کوناټې

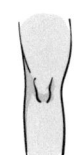

колено

زنګون

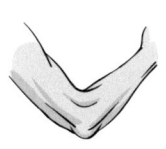

локоть

څنګل

нос

پوزه

ягодицы

لاندې برخه

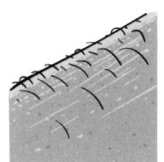

кожа

پوټکی

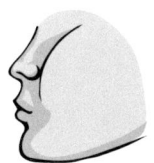

щека

غومبوری

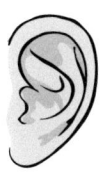

ухо

غوږ

губа

شونډه

рот

خوله

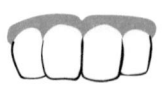

зуб

غاښ

язык

ژبه

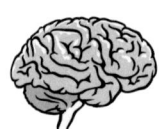

мозг

مغز

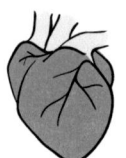

сердце

زړه

мышца

عضله

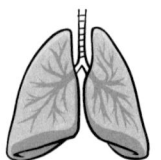

лёгкое

سږی

печень

ځیگر

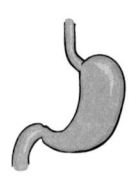

желудок

معده

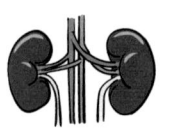

почки

پښتورگي

половой акт

جنسي نږدې والی

презерватив

کانډوم

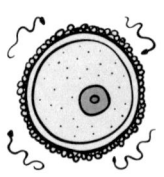

яйцеклетка

تخمه

сперма

مني

беременность

حمل

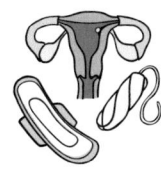

менструация

حیض

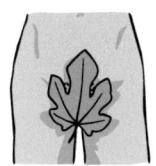

вагина

مهبل

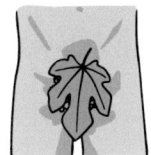

пенис

د نارینه تناسلي آله

бровь

وروځی

волосы

ویښته

шея

غاړه

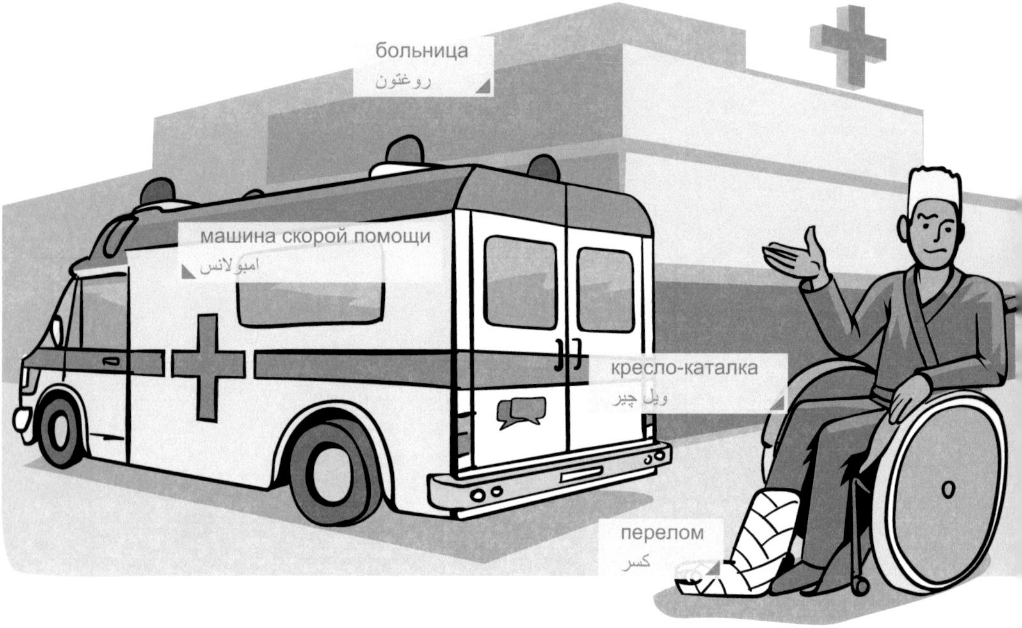

больница

روغتون

машина скорой помощи
امبولانس
кресло-каталка
ویل چیر
перелом
کسر

врач

ډاکټر

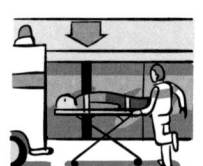

пункт первой помощи

عاجل خونه

медсестра

رنځورپال

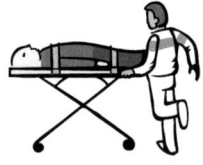

неотложный случай

عاجل

без сознания

بې هوش

боль

درد

повреждение

ټپ

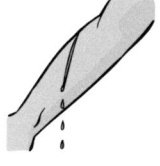

кровотечение

وينه تويدل

инфаркт

د زړه حمله

инсульт

ضرب

аллергия

حساسيت

кашель

ټوخی

овышенная температура

تبه

грипп

انفلوينزا

понос

نس ناستی

головная боль

سر درد

рак

سرطان

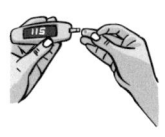

диабет

شکر

хирург

جراح

скальпель

سکالپل

операция

عمليات

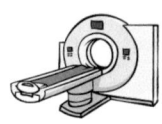

КТ

سي.ټي

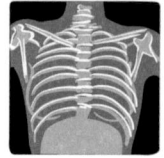

рентген

ايکس رې

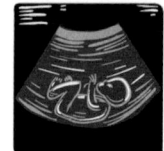

ультразвук

الټراساونډ

маска

د مخ ماسک

болезнь

ناروغي

приёмная

انتظار خونه

костыль

امسآ

пластырь

پلستر

бинт

بنداژ

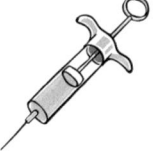

укол

تزريق

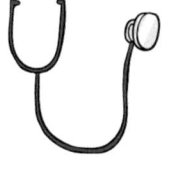

стетоскоп

ستاتسکوپ

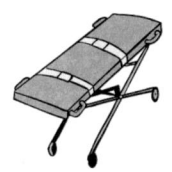

носилки

تسکيره

термометр

کلينکي ترماميټر

рождение

زيږون

избыточный вес

زيات وزن

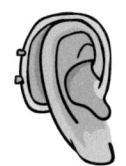

слуховой аппарат

د اوریدو مرسته

дезинфекционное средство

د عفونیت څخه پاکونکي مواد

инфекция

عفونیت

вирус

ویروس

ВИЧ / СПИД

ایچ.آی.وي/ایډز

лекарство

درمل

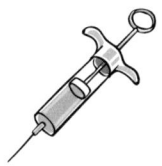

прививка

واکسین

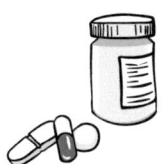

таблетки

ټابلیټس

противозачаточная таблетка

ګولۍ

экстренный вызов

عاجل تلیفون

прибор для измерения кровяного давления

د وینې د فشار څارونکی

больной / здоровый

ناروغ/روغ

Помогите!

مرسته!

сигнал тревоги

الارم

нападение

يرغل

атака

برید

опасность

خطر

запасной выход

عاجل لاره

Пожар!

اور!

огнетушитель

د اور وژونکی

несчастный случай

پیښه

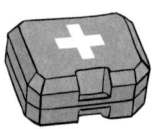

аптечка

د لومړی مرستي لوازم

SOS

ایس.او.ایس

милиция

پولیس

земля

خمکه

Европа

اروپا

Северная Америка

شمالي امریکا

Южная Америка

سهیلي امریکا

Африка

افریقا

Азия

آسیا

Австралия

آسټریلیا

Атлантический океан

اتلانتیک

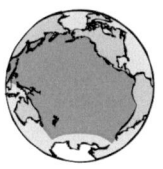

Тихий океан

پاسیفیک

Индийский океан

د هند بحر

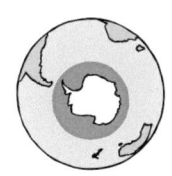

Антарктический океан

جنوبي منجمد بحر

Северный Ледовитый океан

د شمال قطب بحر

Северный полюс

شمالي قطب

Южный полюс

سهيلي قطب

Антарктика

انټارکټيکا

земля

ځمکه

суша

ځمکه

море

بحر

остров

ټاپو

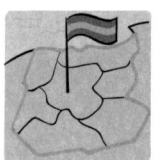

нация

ملت

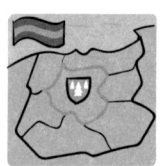

государство

دولت

часы

ساعت

циферблат

....

د مخي ساعت

часовая стрелка

....

د ساعت ستنه

минутная стрелка

....

د دقيقي ستنه

секундная стрелка

....

د ثانيی ستنه

Который час?

....

څه وخت دی؟

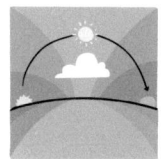

день

....

ورځ

время

....

وخت

сейчас

....

اوس

электронные часы

....

ډيجيټل ساعت

минута

....

دقيقه

час

....

ساعت

неделя
اونۍ

понедельник
دوشنبه

среда
چهارشنبه

пятница
جمعه

вторник
سه شنبه

четверг
پنجشنبه

суббота
شنبه

воскресенье
یکشنبه

вчера

پرون

сегодня

نن

завтра

سبا

утро

سهار

полдень

غرمه

вечер

ماښام

рабочие дни

کاري ورځي

выходные

د اونۍ پای

год

کال

дождь
باران
радуга
رنګین کمان
ветер
باد
снег
واوره
весна
پسرلی
лето
осень
منی
зима
ژمی

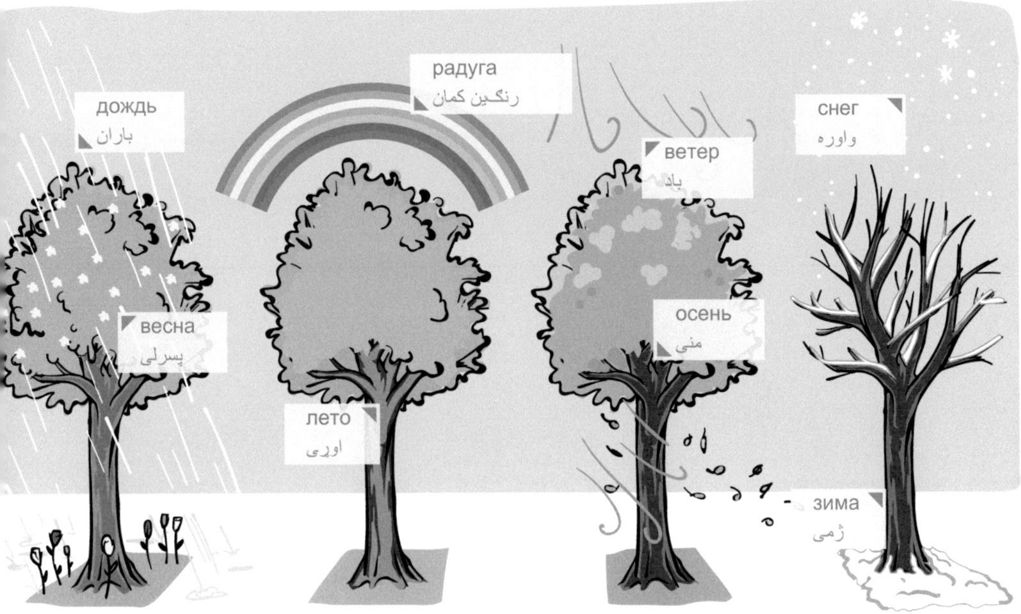

прогноз погоды

د موسم وړاندوینه

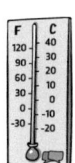

термометр

ترموميټر

солнечный свет

د لمر وړانګې

туча

وريځ

туман

لړه

влажность воздуха

رطوبت

молния

رڼا

гром

تندر

буря

توفان

град

ږلۍ وریدل

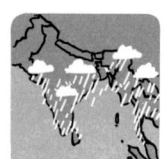

муссон

مون سون باران

наводнение

سیلاب

лёд

یخ

январь

جنوري

февраль

فبروري

март

مارچ

апрель

اپرېل

май

مۍ

июнь

جون

июль

جولای

август

اګست

82

год - کال

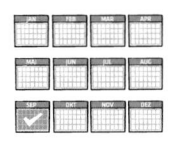

сентябрь
....
سپتمبر

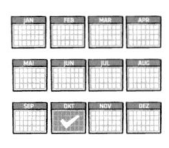

октябрь
....
اکتوبر

ноябрь
....
نومبر

декабрь
....
دسمبر

формы
شکلونه

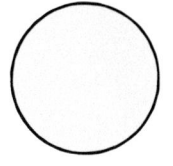

круг
....
دايره

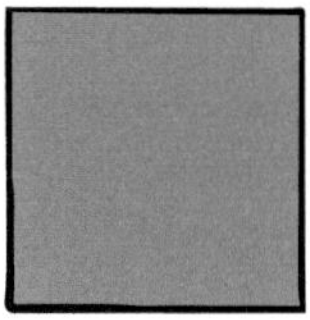

квадрат
....
مربع

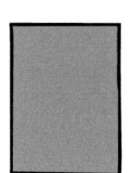

прямоугольник
....
مستطيل

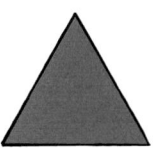

треугольник
....
مثلث

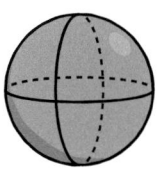

шар
....
توپ

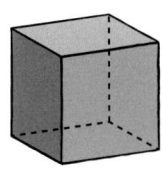

куб
....
فال

цвета

رنګونه

белый

سپین

желтый

ژیړ

оранжевый

نارنجي

розовый

ګلابي

красный

سور

лиловый

ارغواني

синий

نیلي

зелёный

شین

коричневый

نسواري

серый

خړ

черный

تور

противоположности

متضاد

много / мало

خورا ډیر/خورا لږ

яростный / мирный

قار/ارام

красивый / уродливый

ښکلی/بدشکله

начало / конец

پیل/پای

большой / маленький

لوی/کوچنی

светлый / темный

روښانه/تیاره

брат / сестра

ورور/خور

чистый / грязный

پاک/ککړ

полный / неполный

مکمل/نامکمل

день / ночь

ورځ/شپه

мёртвый / живой

مړ/ژوندی

широкий / узкий

پراخه/نری

съедобный / несъедобный

د خوراک وړ/نه خوړل کیدونکی

злой / дружелюбный

بد/مهربان

взволнованный / скучающий

پاریدلی/بي خونده

толстый / худой

چاق/وچ

сначала / в конце

لومړی/وروستی

друг / враг

ملګری/دښمن

полный / пустой

ډک/تش

твёрдый / мягкий

سخت/نرم

тяжёлый / легкий

دروند/سپک

голод / жажда

لوږه/تنده

больной / здоровый

ناروغ/روغ

незаконный / законный

غیرقانوني/قانوني

умный / глупый

هوښیار/ساده

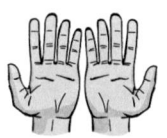

слева / справа

کیڼ/ښي

близко / далеко

نږدې/لرې

новый / подержанный

نوی/زوړ

ничто / нечто

هیڅ/یو څه

старый / молодой

بډا/ځوان

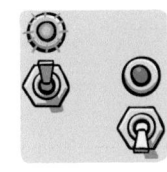

включено / выключено

چالان/بند

открыто / закрыто

خلاص/تړلی

тихо / громко

غلی/لوړ غږ

богатый / бедный

بډایه/غریب

правильный / неправильный

صحیح/غلط

шероховатый / гладкий

زیږ/ملایم

печальный / счастливый

خفه/خوښ

короткий / длинный

لنډ/اوږد

медленный / быстрый

سست/ګړندی

мокрый / сухой

لوند/وچ

тёплый / прохладный

ګرم/یخ

война / мир

جګړه/سوله

цифры

شمیرې

0

ноль

صفر

1

один

یو

2

два

دوه

3

три

درې

4

четыре

څلور

5

пять

پنځه

6

шесть

شپږ

7

семь

اوه

8

восемь

اته

9

девять

نهه

10

десять

لس

11

одиннадцать

یولس

12

двенадцать

دولس

13

тринадцать

دیارلس

14

четырнадцать

څوارلس

15

пятнадцать

پنځلس

16

шестнадцать

شپاړس

17

семнадцать

وولس

18

восемнадцать

اتلس

19

девятнадцать

نولس

20

двадцать

شل

100

сто

سل

1.000

тысяча

زر

1.000.000

миллион

میلیون

ЯЗЫКИ

ژبې

английский

انګلسي

американский английский

امریکایی انګلسي

мандаринский китайский

چینایی مندرین

хинди

هندي

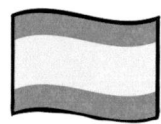

испанский

هسپانوي

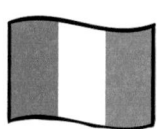

французский

فرانسوي

арабский

عربي

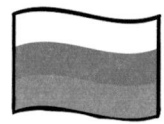

русский

روسي

португальский

پرتګالي

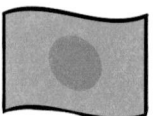

бенгальский

بنګالي

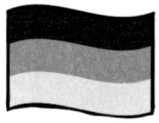

немецкий

آلماني

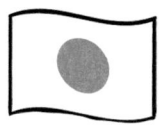

японский

جاپاني

кто / что / как
څوک/څه/څنګه

я

زه

ты

ته

он / она / оно

هغه/دغه/دا

мы

موږ

вы

تاسي

они

دوي/هغوی

кто?

څوک؟

что?

څه؟

как?

څنګه؟

где?

چیری؟

когда?

کله؟

имя

نوم

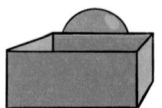

где

چیرې

за

شاته

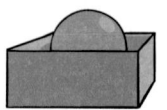

в

په

перед

په مخه کې

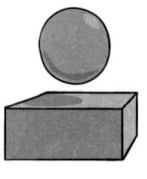

над

باندې

на

په

под

لاندې

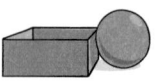

рядом

برسیره پر

между

ترمینځ

место

ځای